AF358945

M. HURLUBERLU

ET

SES DÉPLORABLES AVENTURES

Paris. — Imprimerie générale de Ch. Lahure, rue de Fleurus, 9.

M. HURLUBERLU

ET SES DÉPLORABLES AVENTURES

PARIS

LIBRAIRIE DE L. HACHETTE ET CIE

BOULEVARD SAINT-GERMAIN, N° 77

1869

M. HURLUBERLU

ET

SES DÉPLORABLES AVENTURES.

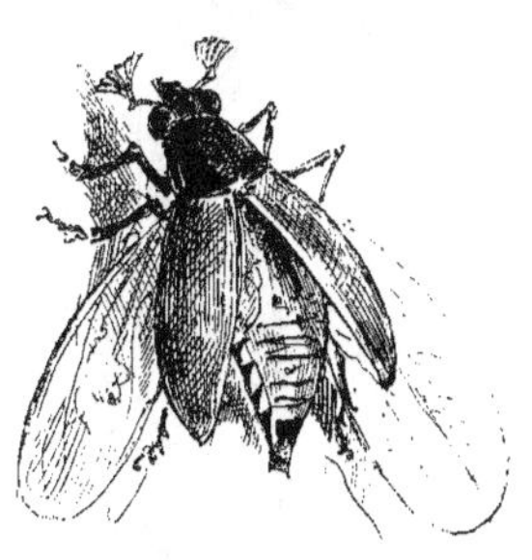

I

A LA VILLE.

Vous avez vu souvent, mes chers enfants, un hanneton déployer tout à coup les jolies ailes transparentes
qu'il cache ordinairement sous un étui marron. Il
s'élance en bourdonnant comme un fou; il va, il vient,
il vole au hasard, sans regarder devant lui; il se cogne
au mur, se frappe aux vitres de la fenêtre, se tape aux
meubles, au plafond, et si, par hasard, une bougie se

trouve allumée dans la chambre, il se précipite sur la flamme sans réflexion, et y brûle ses jolies ailes, qui

auraient pu, s'il l'avait voulu, le mener bien loin se promener dans l'air, au milieu de la verdure et des fleurs.

Tel est **M.** Hurluberlu.

C'est assurément un gentil petit garçon ; mais, s'il n'a pas les grandes ailes du hanneton, il en a l'imprudence et l'étourderie. Aussi, comme il ne réfléchit jamais, et qu'il faut cependant toujours réfléchir, il lui arrive à chaque instant des choses vraiment terribles.

M. Hurluberlu est assis on ne sait comment. Voilà qu'il se lève et se met à courir on ne sait pourquoi.

Il court, il court et ne regarde pas devant lui. Un

mur se rencontre, pan! le voilà sur le mur; il se frappe d'un côté, rebondit et se cogne de l'autre. Aussi

voyez-moi cette jolie bosse au front; demain elle sera bleue, verte et jaune; il en aura pour quinze jours à être de toutes les couleurs.

Vous imaginez peut-être qu'une telle mésaventure va lui servir de leçon : vous ne connaissez guère M. Hurluberlu. Le voici qui joue au cerceau. Il le

frappe à tour de bras. Il court de toutes ses forces
derrière lui, sans prendre garde où il le dirige.

Regardez ce bon vieil invalide qui a laissé ses deux
jambes sur le champ de bataille, bien loin l'une de
l'autre : l'une en Afrique, l'autre en Russie; il les a
remplacées, tant bien que mal, par deux jambes de

bois. M. Hurluberlu jette son cerceau dans les jambes
du bon invalide, et s'y jette lui-même après. Que ne re-
gardait-il devant lui? Ne risquait-il pas de faire casser
encore au moins un bras au pauvre vieux militaire? Et
si dans la bagarre il attrape quelque bon coup de
béquille, il ne l'aura certes pas volé.

Le voilà encore courant comme un fou après son
cerceau qui roule et tourne sans y mettre plus de ré-

flexion que lui. Médor est couché sur le seuil de sa
porte, bien tranquille, et sans penser à mal. M. Hurluberlu lui marche sur la patte; Médor se réveille,

et comme il n'est pas porté précisément à l'indulgence,
il vous le happe par le fond de son pantalon.

M. Hurluberlu se sauve tant qu'il peut, laissant à
l'ennemi son cerceau, son bâton et le fond de sa cu-

lotte. Il court, il court, ne regardant que derrière lui :

devant se trouve l'étalage du fruitier. Vlan ! le voilà

dans le panier aux œufs. Bon Dieu ! quelle omelette
épouvantable ! et dans quel état on le ramène à la

maison! Je suis sûr que Médor, qui au fond est un brave homme de chien quand on ne lui marche pas sur la patte, aura été désarmé en le voyant ainsi, et qu'il en aura ri jusqu'aux larmes. La fruitière seule n'aura pas ri, ni la maman non plus, car il faut toujours payer les œufs cassés.

Mais tout cela ne le fait pas réfléchir.

Voici que sa bonne, Victoire, l'emmène chez ce brave M. Potard, l'épicier du coin. Victoire n'a pas plus tôt le dos tourné, que M. Hurluberlu grimpe sur les bancs et jusque sur les planches. Il saute, il court, il gambade avec si peu de précaution, qu'il fait basculer la

planche sur laquelle il est monté, et patatras! le voilà
la tête la première dans un tonneau de mélasse! A
cette vue, M. Potard demeure stupéfait, désolé! La

mélasse ne souffrira-t-elle pas de l'introduction de ce
corps étranger? On tire M. Hurluberlu comme on
peut. Dans quel état va-t-on le ramener chez lui!
On le gratte, on le râcle avec soin de la tête aux

pieds, et comme Médor ne lui en veut plus, il vient

sans façon lui donner un bon coup de langue. Médor
n'est pas dégoûté!

M. Hurluberlu est sorti avec sa bonne, Victoire, son cerceau et sa baguette.

En longeant les boutiques, il aperçoit une figure qui ne lui revient guère : il s'arrête, l'autre petit garçon s'arrête aussi.

Il lui montre le poing, un poing fermé le menace
de même.

Il tire la langue, on lui répond par la même
grimace.

M. Hurluberlu n'y tient plus. Vli! vlan! deux coups

de bâton sont bien vite donnés, et la glace du cafetier
vole en mille morceaux.

M. Hurluberlu, blessé à la main, pleure à chaudes larmes; la bonne Victoire se trouve mal. Les passants se rassemblent autour de la boutique, et le cafetier, furieux, s'élance à la recherche du coupable.

En se sentant tirer l'oreille, M. Hurluberlu reconnaît sa sottise.

Le terrible cafetier ne veut pas lâcher ce pauvre M. Hurluberlu, et il le conduit ainsi par l'oreille jusque chez son papa, escorté par tous les gamins du quartier, qui rient de sa mésaventure.

Et le père de M. Hurluberlu est de fort mauvaise humeur quand il lui faut payer la glace.

Le cafetier, qui devient très-gai et très-aimable après avoir touché sa *petite note*, assure au papa que cette glace brisée sera très-utile à M. Hurluberlu, car elle pourra lui apprendre à réfléchir.

M. Hurluberlu sera bien puni, et il gardera long-temps le souvenir de cette glace qui lui a vigoureusement coupé les doigts.

II

A TRAVERS CHAMPS.

M. Hurluberlu est guéri, mais non corrigé. Il quitte ses parents sans rien dire et, marchant devant lui à travers champs, aperçoit dans un enclos de belles pommes rouges dont l'aspect lui fait venir l'eau à la bouche. Comme il est aussi quelque peu gourmand, il ne se demande pas s'il a le droit de toucher à ces pommes, et le voilà comme un étourneau, sautant par-dessus la barrière. En un clin d'œil il a grimpé sur l'arbre, et une pomme, deux pommes, trois pommes, — les plus grosses, les plus vermeilles, — sont bientôt avalées. Quelle bonne odeur! Quelle saveur délicieuse! M. Hur-

luberlu ne s'est jamais si bien régalé. Mais au moment où il songe à descendre, il entend une grosse voix de basse-taille, dure, profonde, et qui lui paraît fort désagréable. Le propriétaire de cette voix est **M.** Turc, bien plus gros, bien plus fort, avec des dents bien plus aiguës et un œil bien plus méchant que Médor.

Turc se met à sauter sous le pommier, à faire trem-

bler les environs. Il saute si fort, que M. Hurluberlu se recroqueville comme il peut sur sa branche.

Après avoir bien longtemps sauté pour happer dans sa large gueule un morceau quelconque du pauvre **M.** Hurluberlu, Turc s'assied bien tranquillement à

son aise au pied de l'arbre. Il regarde - comment
M. Hurluberlu se trouve perché sur sa branche, et

laisse sortir entre ses grandes dents blanches et poin-
tues une large langue rouge comme du sang.

M. Turc se couche enfin. Ah! s'il pouvait s'endor-
mir! M. Hurluberlu tremble comme les feuilles de

son pommier, mais M. Turc ne dort que d'un œil.

Quand cet œil est fermé, l'autre reste tout grand ou-
vert, et quand celui-ci s'endort, le premier se réveille
et fait le guet à son tour. Quel effroyable gardien que
ce Turc! Cependant les heures se passent, l'heure du
déjeuner, puis celle du dîner. M. Hurluberlu a bien
faim, mais il n'a plus même le courage de manger une
pomme, tant l'œil de cet abominable Turc lui cause de
terreur.

Voilà le soir qui arrive, et l'œil de Turc brille comme
un charbon ardent.

M. Hurluberlu serait encore sur son pommier, et
Turc dessous, si Nicolas, le maître des pommes, n'était

venu voir qui pouvait être perché sur son arbre, et
n'avait reconduit le coupable chez son père, en lui tirant

les oreilles, pendant que M. Turc lui grognait terrible-
ment derrière le dos.

Un autre jour, M. Hurluberlu s'est avisé de suivre
bien loin hors du village la famille Butor qui fait si bien
les tours de force dans les foires. — Ils sont si beaux
avec leurs caleçons rouges, leurs chapeaux à papillon,
leur tambour et leur grosse caisse!

Pendant que son papa et sa maman le cherchent
partout, les gens de la famille Butor, braves gens du
reste, l'ont recueilli; ils se proposent de lui apprendre

la noble profession de saltimbanque, et lui font manger de la vache enragée; c'est tout ce qu'ils ont à lui offrir.

Pauvre Hurluberlu! on l'exerce à avaler tantôt des sabres, tantôt des cailloux, tantôt des étoupes enflammées, car il faut que chacun travaille dans la troupe. Mais un pareil régime ne lui convient décidément pas. Ah! comme il regrette les côtelettes et les rognons sautés et les biftecks de cette bonne Victoire!

Quand, au bout de trois jours, M. Butor, désespérant d'en faire un sujet distingué, le ramène à la maison paternelle, M. Hurluberlu est à moitié corrigé de son défaut, et je vous promets que pendant au moins deux mois il sera plus circonspect, et ne suivra pas n'importe où le premier venu.

III

EN CHEMIN DE FER.

Le surlendemain de cette fâcheuse aventure, M. Hurluberlu est monté en chemin de fer, avec sa bonne, pour aller voir sa tante à la campagne.

Bien qu'on lui ait très-souvent répété qu'il fallait rester tranquille à sa place, M. Hurluberlu profite de

ce que sa bonne Victoire lit le *Petit Journal,* pour se mettre à la fenêtre du wagon. Rien ne l'amuse comme de regarder les maisons qui semblent marcher à reculons le long des portières, et les arbres qui courent follement les uns après les autres.

Tout autre que M. Hurluberlu aurait bien su tenir

sa casquette avec sa main; lui n'a pas ce luxe de précaution.

Le vent enlève donc la casquette. M. Hurluberlu fait

tous ses efforts pour la rattraper, tant et si bien que

le corps sort de la portière et que les jambes suivent
immédiatement le corps.

Son voisin, le capitaine Chauvin, d'une main vigou-

reuse le saisit par le bas de sa blouse. Mais l'étoffe
n'est pas si solide que la main du capitaine Chauvin,

et voilà tout ce qu'il peut remettre à Mlle Victoire!

Ce pauvre Hurluberlu disparaît, et le train continue à
marcher et les arbres à courir comme des fous le long
de la route.

Heureusement, M. Hurluberlu est tombé sur le dos

sans se faire de mal, et il a en cela bien plus de bonheur qu'il ne mérite.

Hurluberlu n'est pas le moins du monde troublé de

sa chute. Son premier soin est de ramasser sa cas-

quette; et il se met bravement à marcher sur la voie
pour gagner la station prochaine.

Au bout de quelque temps, il entend un certain

bruit et aperçoit au loin, dans le tunnel, un petit point
bien rouge.

Le point rouge grossit;

il grossit encore;

il grossit toujours.

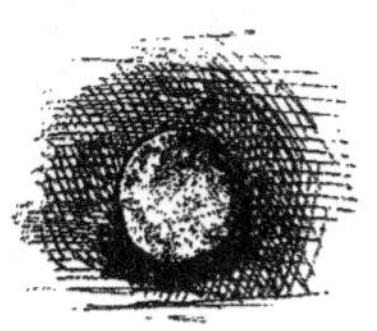

M. Hurluberlu n'est pas un gaillard à se déranger pour si peu, et il reste bravement au milieu de la voie.

Le point rouge a si bien grossi, grossi, qu'il est devenu le fanal d'un train qui arrive à toute vitesse.

M. Hurluberlu n'a que le temps de se jeter par terre, à plat ventre, et le train passe au-dessus de sa tête en laissant pleuvoir sur lui force étincelles et petits charbons enflammés.

C'est en ce moment que le pauvre Hurluberlu fait des réflexions graves.

« Ah! si je ne m'étais pas penché à la portière!
Ah! si j'avais tenu ma casquette!!! »

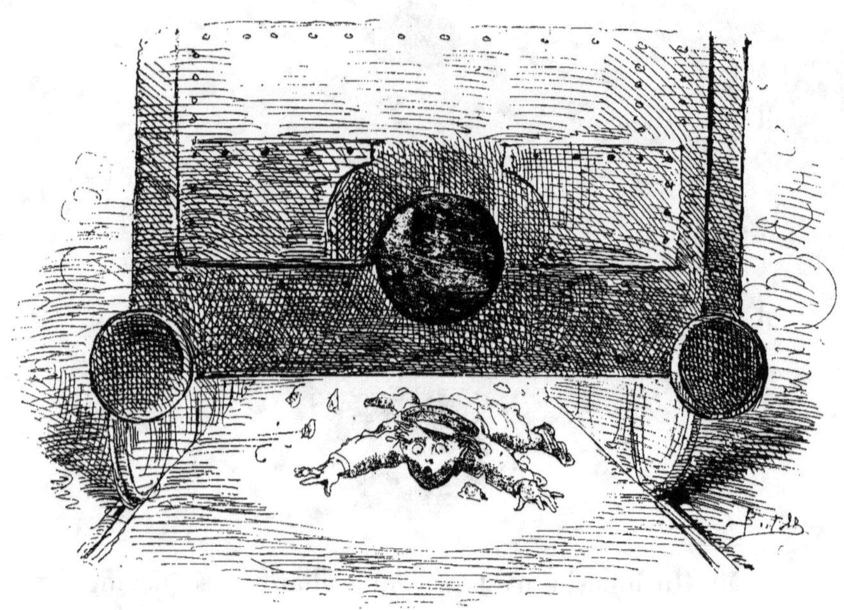

Décidément M. Hurluberlu a de la chance. Il n'ose
pas se relever, et pourtant il n'est même pas blessé.
il en sera quitte pour quelques légères brûlures, pour
un peu de raideur dans les articulations. Mais il a eu
une fameuse peur, je vous assure. Enfin il se décide à
se remettre sur ses pieds. Il est encore blême et tout
tremblant; ses cheveux sont hérissés sur sa tête; il
n'est pas bien sûr de ne pas être mort. Il tâte sa jambe

et son côté, puis il s'assied par terre et n'ose plus faire un mouvement.

Lorsque enfin le farouche surveillant Grognefort

arrive avec sa lanterne et lui demande ce qu'il fait si

tard sur la voie, il ne sait trop que lui répondre, si ce n'est qu'il s'appelle M. Hurluberlu, et qu'il faut tout de suite le ramener chez son père. — Pendant six mois, Hurluberlu a eu la fièvre, et encore maintenant, quand il monte en chemin de fer, vous ne le feriez pas mettre le nez en dehors de la portière pour lui faire voir une vache bleue.

IV

A LA CAMPAGNE.

A la campagne, M. Hurluberlu n'est pas plus prudent et plus sage qu'à la ville.

Je vous demande un peu quelle folie d'aller grimper sur la margelle du puits, dont on lui a toujours défendu d'approcher.

Ce maître dindon trouve la chose par trop sotte. Regardez cette oie qui rit de voir un enfant si niais, pendant que le coq chante à tue-tête pour l'avertir, et que Jean Lapin l'observe d'un air prudent. Le bon Toutou jappe en lui donnant les meilleurs conseils, que M. Hurluberlu ne semble comprendre en aucune façon.

Le maître dindon et ma mère l'oie ne se trompaient pas du tout. Voici M. Hurluberlu qui perd l'équilibre; le pied lui manque, et il tombe dans le puits. Heureusement il ne lâche pas la corde.

Un seau emporte l'autre, — c'est nécessairement
celui du côté duquel se trouve M. Hurluberlu, — et
l'autre seau, ruisselant d'eau, paraît à sa place.

Voyez quel émoi, quel trouble parmi tous les spec-
tateurs! A-t-on jamais vu tirer de l'eau de cette ma-
nière-là?

M. Hurluberlu a beau se cramponner de toutes ses
forces à la corde, il descend, il descend.... Pouf! le voilà
dans l'eau! Il se démène, il se débat de son mieux, ce
qui ne l'empêche pas de se mouiller. Si vous pouviez
voir la grimace qu'il fait, vous comprendriez que l'eau
du puits est très-froide.

Il retire enfin la tête de l'eau, et bien qu'il soit à

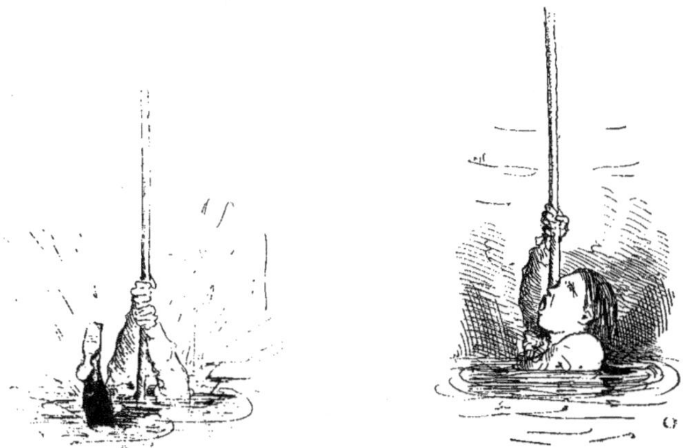

moitié gelé; il crie, il crie comme un véritable brûlé.

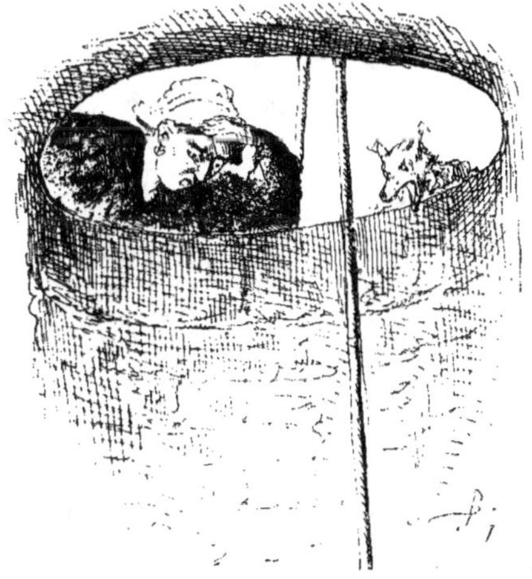

Il a crié tant et si bien que sa nourrice Jeanne
accourt, guidée par le bon Toutou, qui, lui aussi, se

lamente à sa manière. Elle se penche au bord du puits.... Qu'aperçoit-elle au fond? Une tête, la tête de son cher Hurluberlu!

Vite elle se pend à la corde.... La corde remonte... Hurluberlu remonte avec elle. L'heureuse nourrice saisit

son cher enfant et le presse tendrement entre ses bras. Toutou donne une nouvelle preuve de son excellent cœur en se livrant à des transports de joie.

Vous pensez bien qu'à la suite de ce plongeon, un rhume de cerveau était inévitable. On ne vit plus Hurluberlu que son mouchoir de poche dans une main et une tasse de tisane dans l'autre. Il éternuait en

moyenne soixante-douze fois par jour. Cela dura un grand mois.

Le voilà encore, ce polisson de M. Hurluberlu. Cette fois, il se promène dans les champs, et justement un

âne s'y promène aussi. Quelle drôle d'idée d'offrir à cet âne un petit bâton à manger, quand il y a dans le

champ de jolis chardons et des herbes à bouche que
veux-tu. Mais le bon âne Martin est un modèle de pa-
tience; il ne se fâche en aucune façon.

Alors, ne sachant qu'inventer, M. Hurluberlu tourne
tout doucement derrière l'honnête Martin, et se met à
le tirer de toutes ses forces par la queue.

Martin, surpris et indigné d'une pareille familia-

rité, vous décroche une bonne ruade au petit indis-
cret, puis il se sauve à toutes jambes, pendant que

M. Hurluberlu s'étale par terre et crie tant qu'il peut.

Je crois bien que M. Hurluberlu a quelque chose de démis ou de cassé, car il marche avec des béquilles. Cela se remettra bien sûr; mais sera-ce pour lui une bonne leçon?

Voyez ces oies qui le regardent et qui se moquent de lui. Il y a des gens qui disent : Bête comme une oie. Certes, ces braves oies peuvent se flatter d'être moins bêtes que M. Hurluberlu.

V

A peine sur pied, M. Hurluberlu recommence ses fredaines. Sa mère a un goût prononcé pour les perroquets et les perruches. Elle possède, en ce moment, un beau perroquet jaune, rouge, vert et bleu; mais son bec est noir, recourbé, coupant comme une paire de ciseaux. Ce perroquet s'appelle Jacquot, comme tous les perroquets. Il consent parfaitement à ce qu'on lui parle de son déjeuner, et il en parle très-bien lui-même; mais ce qu'il n'aime pas, c'est qu'on le touche, et surtout qu'on lui tire ses plumes, auxquelles il tient beaucoup : ce qui n'empêche pas M. Hurluberlu de grimper sur un tabouret et de se mettre à tirer une belle plume rouge pour en décorer sa boutonnière.

Il est visible que Jacquot n'est pas content; son plumage se hérisse, sa huppe se dresse, enfin d'un

bon coup de bec il coupe presque le doigt à cet étourneau d'Hurluberlu.

Le tabouret, le perchoir, Hurluberlu, Jacquot tombent par terre pêle-mêle.

Pourvu que M. Hurluberlu puisse sauver ses orcilles;

car, je vous le dis, M. Jacquot est furieux, et franche-
ment il n'a pas tort.

Il faut espérer que M. Hurluberlu va devenir rai-
sonnable, après tant de malheurs; s'il ne se corri-
geait pas de son étourderie, il finirait mal.

Allons, bon! le voici qui s'est emparé de la bouteille à l'encre et qui se la verse sur la tête. Il paraît
qu'il l'a prise pour une bouteille d'eau de Cologne.
Sa cousine Julie, qui vient de mettre pour la première
fois sa robe neuve et qui la voit toute couverte de
taches noires, est furieuse, et il faut avouer qu'il y
a bien de quoi. Hurluberlu est désolé, mais il est trop
tard. Si sa maman, qui arrive dans le fond, ne lui

donne pas le fouet, je crois vraiment qu'il pourra se
vanter d'avoir du bonheur.

Nouvelle étourderie de M. Hurluberlu! Il a trouvé

sur le bureau de son papa un grand portefeuille, tout
gonflé de papiers de toutes les couleurs avec de jolis
dessins tout autour. Or il faut vous dire qu'Hurluberlu
est très-adroit quand il veut; il sait fabriquer de jolies
cocottes, des galiotes superbes qui vont sur l'eau. Il

prend donc les plus beaux papiers du grand portefeuille et il confectionne des bateaux, des cocottes de
toutes grandeurs, qu'il s'amuse ensuite à faire nager
dans une cuvette remplie d'eau. Toutou lui-même
trouve les cocottes fort drôles. Il joue à la balle avec,
il les secoue, il les mordille, il les met en pièces avec
un bien réel plaisir.

   Celui qui en éprouve le moins, c'est le papa, qui

retrouve tous ses papiers dans un déplorable état.

M. Hurluberlu sera mis au pain sec pendant plus de quinze jours. Certes, il ne l'aura pas volé.

Et Toutou, qui se sauvait avec une cocotte, sera lui-même battu.

VI

A L'EXPOSITION UNIVERSELLE.

Hélas! hélas! voici la dernière imprudence de M. Hurluberlu. A la grande Exposition universelle, M. Hurluberlu s'est approché, sans précaution, de la

grande machine à fabriquer les chapeaux de feutre. Au moment où sa bonne et les ouvriers ont le dos tourné, il fourre le bout de son doigt dans l'engrenage. Cric, crac! la roue saisit ce doigt, puis la main, puis le bras; enfin le corps tout entier y passe. En un instant, le pauvre Hurluberlu est haché en petits morceaux, réduit en pâte à faire des chapeaux.

Finalement, quand sa bonne, au désespoir, est arrivée à l'autre bout de la machine, voici tout ce que l'exposant désolé a pu lui remettre du malheureux Hurluberlu :

Un chapeau!!

Un chapeau avec lequel, chers enfants, j'ai l'honneur de vous saluer, en vous suppliant de ne pas être étourdis, irréfléchis comme ce jeune Hurluberlu.

FIN.

Imprimerie générale de Ch. Lahure, 9, rue de Fleurus, à Paris.